Mug Cakes
pikant

Im Becher gebacken · blitzschnell serviert

Inhaltsverzeichnis

Toppings S. 82

Die pikante Versuchung

Stellen Sie sich vor ...

... es ist Sonntagmorgen, die Sonne scheint durchs Fenster herein und Sie möchten den Tag entspannt mit einem leckeren und besonderen Frühstück beginnen.

... Sie haben Hunger auf eine herzhafte Kleinigkeit, aber belegte Brote machen Sie gerade so gar nicht an.

... Sie sitzen mit Ihrem Liebsten bei einem Glas Wein zu Hause und hätten gerne etwas zu knabbern. Bitte sofort, bitte lecker und bitte keine Chips!

... Ein Blattsalat alleine reicht nicht. Für ein richtiges Mittagessen ist der Hunger aber nicht groß genug. Sie bräuchten noch etwas kleines Feines.

Für solche und noch viel mehr Situationen sind unsere pikanten Mug Cakes die perfekte Lösung: Kleine, feine Portionsküchlein, die ebenso schnell zubereitet sind, wie sie auch gegessen werden.

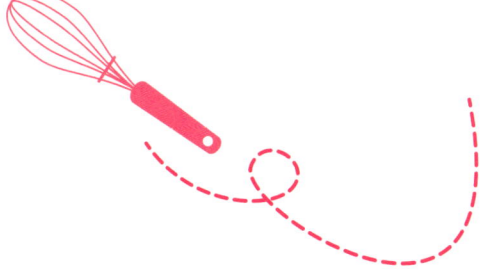

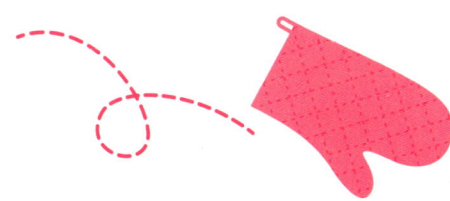

Mug Cakes –
Tassenkuchen der besonderen Art

Mittlerweile hat sich die Bezeichnung Mug Cakes (Mug = engl. Tasse) für kleine Küchlein aus der Tasse fast schon eingebürgert. Dabei sind eben nicht die „Tassenkuchen" oder „Becherkuchen" gemeint, bei denen die Zutaten becherweise abgemessen und miteinander zu einem Teig gerührt werden, sondern kleine Leckereien, die in der Tasse serviert und in der Mikrowelle „gebacken" werden. Nachdem sich unser viel geliebter Vorgängerband ausschließlich den süßen Versuchungen widmete, beschäftigt sich dieses Buch nun voll und ganz den pikanten Freuden und Verlockungen – und davon gibt es mehr als genug!

Wir haben auch dieses Mal für jedes Rezept die Backofenzubereitung angegeben – der besondere Clou ist aber natürlich die Zubereitung in der Mikrowelle. Die Küchlein werden einfach nacheinander bei 800 Watt rund 2 Minuten in die Mikrowelle gestellt – fertig ist der leckere Snack. Schneller und besser geht's einfach nicht!

Doch damit die Küchlein perfekt gelingen, sollten noch ein paar Dinge beachtet werden.

Wiegen statt probieren

Beim Thema Mug Cakes sprechen wir von kleinen Snacks. Und so fallen auch die jeweiligen Zutatenmengen eher klein aus. Damit die Küchlein perfekt gelingen, sollten Sie die Küchenwaage zur Hand und von der „Pi-mal-Daumen"-Methode Abstand nehmen. 20 g mehr oder weniger einer Zutat können nämlich bei den kleinen Leckereien ziemlich viel ausmachen. Zum Beispiel: Mit 20 g geriebenem Käse wird das Küchlein schön kompakt und erhält ein feines Aroma. Mit 40 g Käse wird das Küchlein aber leider pappig. Ähnlich verhält es sich auch mit anderen Zutaten, sei es Gemüse, Quark, Wurst oder Öl. Übrigens: Wenn im Rezept keine Gramm-Angaben gemacht werden, sondern von Tee- oder Esslöffeln die Rede ist, so ist damit immer ein ganz leicht gehäufter Löffel gemeint.

Die allermeisten Küchlein dieses Buches enthalten etwas Mehl und etwas Backpulver. Damit die Küchlein schön aufgehen, aber nicht über die Tasse hinauslaufen, empfiehlt es sich bei den kleinen Mengen pro Küchlein direkt eine größere Mehl-Backpulver-Mischung anzurühren. So erhalten Sie das ideale Mischungsverhältnis. In einem Vorratsglas verpackt hält sich die Mischung ebenso lange wie Mehl – und wenn Sie das nächste Mal Lust auf einen kleinen Snack haben, haben Sie schon alles griffbereit zusammengemischt.

Grundrezept für die Mehlmischung

Auf 240 g Mehl kommen 1 ½ Teelöffel Backpulver. Verrühren Sie erst das abgewogene Mehl und das Backpulver miteinander in einer Schüssel und geben Sie dann diese Mischung in ein Haarsieb. Sieben Sie anschließend alles in ein ausreichend großes Aufbewahrungsglas. Um Verwechslungen auszuschließen, beschriften Sie das Glas am besten mit einem Hinweis auf die Mug-Cake-Mehlmischung. Das war's – und Sie haben ab sofort immer die perfekte Mischung zur Hand.

Die Rezeptmengen reichen für zwei große Kaffeetassen. Beachten Sie, dass die Küchlein enorm hochsteigen und lassen Sie sich daher nicht von der Füllhöhe irritieren. Die Tassen sollten maximal zur Hälfte mit Teig gefüllt werden.

Unsere Rezepte sind für 2 Mug Cakes berechnet. Sie können beide Tassen zwar auch nebeneinander in die Mikrowelle stellen, jedoch verlängert sich dann die Backzeit und der Garvorgang wird unregelmäßiger. Geben Sie daher am besten die Tassen nacheinander in die Mikrowelle und halten Sie sich exakt an die im Rezept angegebenen Garzeiten.

Ebenso schnell, wie die Küchlein gebacken sind, sollten Sie auch gegessen werden. Sie eignen sich nicht zur Vorratshaltung, sondern schmecken am allerbesten noch heiß, direkt nach dem Garen.

Beachten Sie, dass die verwendeten Tassen mikrowellen- oder alternativ backofengeeignet sind. Für die Mikrowelle gilt: kein Metall, also auch keine Tassen mit Goldrand o. Ä. Für den Backofen gilt: ofenfeste Materialien verwenden.

Auch das Auge isst mit

Zwar können die Mug Cakes auch gestürzt serviert werden – aufgrund ihrer hohen, schlanken Form machen sie sich jedoch am besten direkt in der Tasse. Richten Sie bei der Zubereitung Ihr Augenmerk daher auch auf das jeweilige Tassen-Design. Sie sollten optisch etwas hermachen und als Duo harmonieren.

Im letzten Kapitel finden Sie einige Topping-Vorschläge mit vielen Varianten, die Sie frei nach Gusto zu Mug Cakes reichen können. Daneben sind Gemüsesticks oder eine kleine Salatbeilage nicht nur geschmackliche, sondern auch optische Highlights.

Lassen Sie sich von den vielen tollen Rezepten und Fotos inspirieren – vor allem aber wünschen wir Ihnen viel Spaß beim Nachbacken und Genießen!

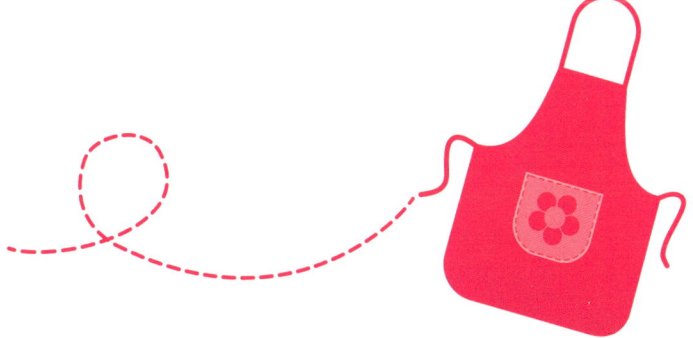

Vegetarische Mug Cakes

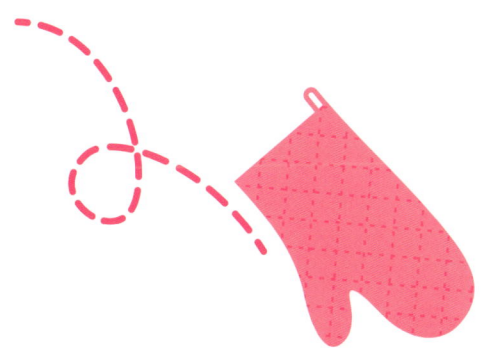

Antipasti-Mug-Cakes
mit getrockneten Tomaten

1 El Pinienkerne

4 getrocknete Tomaten in Öl

30 g Parmesan

1 El Olivenöl

1 Ei (Größe L)

50 g Mehl, mit Backpulver versetzt

2 El Milch

1 El Kräuterfrischkäse

Salz

Pfeffer

Olivenöl für die Tassen

Balsamico-Sirup zum Beträufeln
und Rucola zum Garnieren

Zubereitungszeit: ca. 15 Minuten
Pro Tasse ca. 357 kcal/1499 kJ
14 g E, 25 g F, 20 g KH

Die Pinienkerne in einer Pfanne ohne Fett goldbraun rösten, dann beiseitestellen. Die Tomaten auf Küchenkrepp trocken tupfen, dann klein würfeln. Den Parmesan reiben.

Das Olivenöl in eine Rührschüssel geben und mit dem Ei verquirlen. Das Mehl darübersieben und zusammen mit der Milch und dem Kräuterfrischkäse unterrühren.

Pinienkerne, Tomaten und Parmesan unterheben, dann die Mischung mit Salz und Pfeffer abschmecken.

2 Tassen mit Olivenöl einfetten. Den Teig auf die Tassen verteilen. Die Tassen nacheinander für ca. 1 Minute und 40 Sekunden bei 800 Watt in die Mikrowelle stellen. Mit etwas Balsamico-Sirup beträufeln und mit einem Blättchen Rucola garniert sofort servieren.

Bei der Zubereitung ohne Mikrowelle ofenfeste Tassen verwenden. Den Backofen auf 180 °C vorheizen und die Mug Cakes auf der mittleren Schiene ca. 25 Minuten backen.

Süßkartoffel-Mug-Cakes
mit Koriander und Kreuzkümmel

Den Koriander waschen, trocken tupfen und die Blättchen hacken. Die Süßkartoffel pellen und zerdrücken. Die Paprikaschote putzen, waschen, trocken tupfen und klein würfeln. Das Ei mit dem Olivenöl verquirlen.

Das Mehl mit dem Joghurt und der Milch glattrühren. Dann die Süßkartoffel mit dem Koriander und der Paprikaschote unterrühren. Alles mit Salz, Pfeffer, Cayennepfeffer und Kreuzkümmel pikant abschmecken.

2 Tassen mit Olivenöl einfetten. Den Teig auf die Tassen verteilen. In der Mikrowelle bei 800 Watt ca. 2 Minuten backen. Nach Belieben mit etwas grünem Salat servieren. Als Topping passt besonders gut die Erbsencreme (s. S. 84) oder die Aioli (s. S. 92).

Bei der Zubereitung ohne Mikrowelle ofenfeste Tassen verwenden. Den Backofen auf 180 °C vorheizen und die Cakes auf der mittleren Schiene ca. 25 Minuten backen.

Tipp

Schauen Sie auch einmal bei den Babygläschen im Regal. Hier finden Sie vielerlei gegarte und passierte Gemüsesorten, die sich für vielerlei Mug Cakes verwenden lassen.

Für 2 Tassen à ca. 220 ml

½ Bund Koriander
75 g Süßkartoffel (gegart)
40 g rote Paprikaschote
1 Ei (Größe L)
2 El Olivenöl
60 g Mehl, mit Backpulver versetzt
2 El Naturjoghurt
1 El Milch
Salz
Pfeffer
gemahlener Cayennepfeffer
gemahlener Kreuzkümmel
Olivenöl für die Tassen

Zubereitungszeit: ca. 10 Minuten
Pro Tasse ca. 298 kcal/1252 kJ
9 g E, 15 g F, 33 g KH

Möhren-Mug-Cakes
mit Ingwer und Sesam

Für 2 Tassen à ca. 220 ml

1 Möhre
1 El Sesamsaat
2 Stängel Petersilie
1 Ei (Größe L)
2 El Rapsöl
60 g Mehl, mit Backpulver versetzt
2 El Naturjoghurt
1 El Milch
Salz
Pfeffer
Ingwerpulver
Öl für die Tassen

Außerdem
100 g Naturjoghurt
1 Spritzer Zitronensaft
Salz
Pfeffer

Zubereitungszeit: ca. 15 Minuten
Pro Tasse ca. 302 kcal/1266 kJ
11 g E, 17 g F, 26 g KH

Die Möhre putzen, schälen und raspeln. 60 g abmessen. Sesamsaat in einer beschichteten Pfanne ohne Fett rösten. Petersilie waschen, trocken tupfen und die Blättchen hacken.

Das Ei mit dem Rapsöl in einer Rührschüssel verquirlen. Das Mehl darübersieben und alles mit dem Joghurt und der Milch glatt verquirlen. Möhrenraspel, Sesam und Petersilie unterheben. Mit Salz, Pfeffer und Ingwerpulver würzen.

Die Tassen mit Öl einfetten und den Teig auf die Tassen verteilen. Bei 800 Watt für ca. 1 Minute und 40 Sekunden in der Mikrowelle backen. Naturjoghurt mit Zitronensaft verrühren und mit Salz und Pfeffer würzen. Als Dip zu den Mug Cakes servieren.

Für die Zubereitung ohne Mikrowelle ofenfeste Förmchen verwenden. Den Backofen auf 180 °C vorheizen. Die Mug Cakes auf der mittleren Schiene ca. 25 Minuten backen.

Tipp

DIE *Mug Cakes* SIND AUCH LECKER, WENN SIE NOCH 20 G GERIEBENEN GOUDA UNTER DEN TEIG MISCHEN. VERLÄNGERN SIE DANN DIE MIKROWELLEN-GARZEIT AUF 2 MINUTEN.

Pikante Mug Cakes
mit dreierlei Käse

Alle Käsesorten raspeln. Die Butter in eine Rührschüssel geben und bei 800 Watt für 30 Sekunden in der Mikrowelle zerlassen. Das Ei hinzugeben und mit der Butter verquirlen.

Das Mehl darübersieben und die Mischung mit der Milch zu einem glatten Teig verrühren. Den Käse unterrühren, alles salzen, pfeffern und mit etwas Muskatnuss würzen.

Den Teig auf zwei eingefettete Tassen verteilen. Bei 800 Watt für ca. 2 Minuten und 30 Sekunden in der Mikrowelle backen. Sofort servieren. Wenn Sie ein Topping dazu servieren möchten, passt besonders gut die Erbsencreme (s. S. 84).

Für die Zubereitung ohne Mikrowelle: Den Backofen auf 180 °C vorheizen und ofenfeste Formen verwenden. Die Butter in einer Pfanne zerlassen. Dann den Teig wie oben beschrieben zubereiten und die Küchlein im vorgeheizten Ofen ca. 25 Minuten backen.

Für 2 Tassen à ca. 220 ml

20 g Gruyère
20 g Emmentaler
20 g Cheddar
30 g Butter
1 Ei (Größe L)
50 g Mehl, mit Backpulver versetzt
75 ml Milch
Salz
Pfeffer
Muskat
Butter für die Tassen

Zubereitungszeit: ca. 10 Minuten
Pro Tasse ca. 391 kcal/1640 kJ
17 g E, 28 g F, 20 g KH

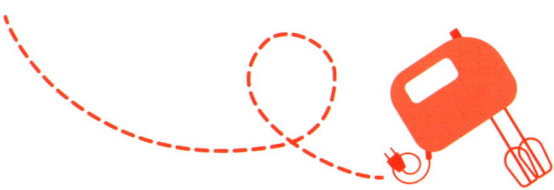

Brezel-Mug-Cakes
mit Petersilie

Für 2 Tassen à ca. 220 ml

1 Brezel
1 Frühlingszwiebel
2 Stängel Petersilie
100 ml Milch
2 Eier
Salz
Pfeffer
Butter für die Tassen

Zubereitungszeit: ca. 12 Minuten
Pro Tasse ca. 255 kcal/1071 kJ
13 g E, 11 g F, 27 g KH

Die Brezel in kleine Würfel schneiden. 100 g Brezelwürfel abwiegen. Die Frühlingszwiebel putzen, waschen, trocknen und das Weiße und Hellgrüne in Ringe schneiden. Die Petersilie waschen, trocken tupfen und die Blättchen hacken. Alles in einer Schüssel mischen. 2 Tassen mit Butter einfetten.

Die Milch mit den Eiern verquirlen. Salzen und pfeffern. Über die Brezelmischung gießen und kurz ruhen lassen. Dann auf die Tassen verteilen.

Die Tassen nacheinander bei 800 Watt für ca. 2 Minuten und 10 Sekunden in der Mikrowelle backen. Herausnehmen und mit Tomatenachteln servieren. Als Topping passt besonders gut die Schafskäsecreme (s. S. 87).

Für die Zubereitung ohne Mikrowelle ofenfeste Förmchen verwenden und den Backofen auf 180 °C vorheizen. Die Küchlein auf der mittleren Schiene ca. 25 Minuten backen.

Griechische Mug Cakes
mit Schafskäse und Oliven

Den Schafskäse klein würfeln oder mit den Händen zerkrümeln. Die Oliven hacken. Die Chilischote putzen, entkernen, waschen und fein hacken.

Das Ei mit dem Olivenöl verquirlen. Das Mehl darübersieben und die Milch hinzugeben. Alles glatt verquirlen. Schafskäse, Rosmarin, Chili und Oliven unterrühren und den Teig mit Salz und Pfeffer abschmecken.

Zwei Tassen mit Olivenöl einfetten. Den Teig auf die Tassen verteilen. Bei 800 Watt für ca. 1 Minute und 40 Sekunden in der Mikrowelle backen. Als Topping passt besonders gut die Schafskäsecreme (s. S. 87) oder die Thunfischcreme (s. S. 88).

Bei der Zubereitung ohne Mikrowelle den Backofen auf 180 °C vorheizen und ofenfeste Förmchen verwenden. Die Küchlein anschließend für ca. 25 Minuten auf der mittleren Schiene backen.

Für 2 Tassen à ca. 220 ml

50 g Schafskäse
6 schwarze Oliven ohne Stein
½ rote Chilischote
1 Ei Größe L
1 El Olivenöl
60 g Mehl, mit Backpulver versetzt
3 El Milch
½ Tl frisch gehackter Rosmarin
Salz
Pfeffer
Olivenöl für die Tassen

Zubereitungszeit: ca. 10 Minuten
Pro Tasse ca. 264 kcal/1107 kJ
11 g E, 14 g F, 22 g KH

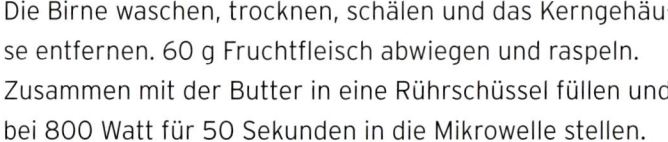
Birnen-Mug-Cakes
mit Gorgonzola

**Für 2 Tassen
à ca. 220 ml**

1 reife, aber feste Birne

25 g Butter

1 Ei (Größe L)

60 g Mehl, mit Backpulver versetzt

Salz

Pfeffer

40 g Gorgonzola

½ Bund Schnittlauch

Fett für die Tassen

Zubereitungszeit: ca. 10 Minuten
Pro Tasse ca. 331 kcal/1391 kJ
11 g E, 21 g F, 25 g KH

Die Birne waschen, trocknen, schälen und das Kerngehäuse entfernen. 60 g Fruchtfleisch abwiegen und raspeln. Zusammen mit der Butter in eine Rührschüssel füllen und bei 800 Watt für 50 Sekunden in die Mikrowelle stellen.

Das Ei hinzugeben und alles gründlich verquirlen. Das Mehl darübersieben, die Mischung glatt verrühren, dann salzen und pfeffern.

Den Gorgonzola zerkrümeln und unterrühren. Den Schnittlauch waschen, trocken tupfen und in feine Ringe schneiden. Ebenfalls unter den Teig heben.

Den Teig in zwei eingefettete Tassen füllen. Bei 800 Watt für ca. 2 Minuten in die Mikrowelle stellen. Herausnehmen und warm servieren. Als Topping passt besonders gut die Erbsencreme (s. S. 84).

Bei der Zubereitung ohne Mikrowelle ofenfeste Tassen verwenden und den Backofen auf 180 °C vorheizen. Die Butter mit den Birnenraspeln in einem kleinen Topf erhitzen. Dann wie beschrieben den Teig fertigstellen und die Küchlein auf der mittleren Schiene ca. 25 Minuten backen.

Grüne-Smoothie-Mug-Cakes
mit Spinat und Kräutern

Spinat und Minze waschen, putzen, trocken tupfen und die Blättchen sehr fein hacken. Mit dem Zitronensaft verrühren.

Das Olivenöl mit dem Ei verquirlen. Das Mehl darübersieben und alles mit der Blättermischung glatt verrühren. Salzen, pfeffern und pikant mit Paprikapulver abschmecken.

Zwei Tassen mit Olivenöl einfetten. Den Teig auf die Tassen verteilen. Nacheinander bei 800 Watt für ca. 1 Minute und 50 Sekunden in der Mikrowelle backen. Herausnehmen und warm servieren. Sehr lecker schmeckt dazu das Ziegenkäse-Topping (s. S. 91) mit Honig, doch auch die Erbsencreme (s. S. 84) passt gut dazu.

Für die Zubereitung ohne Mikrowelle ofenfeste Förmchen verwenden und den Backofen auf 180 °C vorheizen. Die Küchlein auf der mittleren Schiene ca. 25 Minuten backen.

Für 2 Tassen à ca. 220 ml

50 g Spinat
5 Stängel Minze
1 Spritzer Zitronensaft
2 El Olivenöl
1 Ei (Größe L)
60 g Mehl, mit Backpulver versetzt
Salz
Pfeffer
Paprikapulver
Fett für die Tassen

Zubereitungszeit: ca. 15 Minuten
Pro Tasse ca. 244 kcal/1026 kJ
8 g E, 14 g F, 21 g KH

Frischkäse-Mug-Cakes
mit Kräutern und Senf

Für 2 Tassen à ca. 220 ml

- 3 Stängel Basilikum
- 3 Stiele Petersilie
- ½ Bund Schnittlauch
- 1 Frühlingszwiebel
- 1 El gehackte Haselnüsse
- 30 g Butter
- 1 Ei (Größe L)
- 60 g Mehl, mit Backpulver versetzt
- 40 g Frischkäse
- ½ Tl Senf
- Salz
- Pfeffer
- Butter für die Tassen

Zubereitungszeit: ca. 15 Minuten
Pro Tasse ca. 359 kcal/1509 kJ
14 g E, 26 g F, 23 g KH

Die Kräuter waschen, putzen und trocken tupfen. Basilikum- und Petersilie-Blättchen hacken, den Schnittlauch und die Frühlingszwiebel in feine Ringe schneiden. Die gehackten Haselnüsse in einer Pfanne ohne Fett goldgelb rösten, dann beiseitestellen.

Die Butter in eine Rührschüssel geben und bei 800 Watt für 40 Sekunden in die Mikrowelle stellen. Das Ei hinzugeben mit der Butter verquirlen. Das Mehl darübersieben und den Frischkäse mit dem Senf hinzugeben. Alles glatt verquirlen. Dann die Kräuter und die Haselnüsse unterheben. Pikant mit Salz und Pfeffer abschmecken.

Zwei Tassen mit Butter einfetten. Den Teig darauf verteilen und nacheinander bei 800 Watt für ca. 1 Minute und 50 Sekunden in die Mikrowelle stellen. Sehr lecker schmeckt dazu auch die Thunfischcreme (s. S. 88) oder etwas Aioli (s. S. 92).

Für die Zubereitung im Backofen ofenfeste Förmchen verwenden. Den Ofen auf 180 °C vorheizen und die Butter in einer Pfanne zerlassen. Anschließend wie oben beschrieben den Teig zubereiten und die Küchlein ca. 25 Minuten auf der mittleren Schiene backen.

Kürbis-Mug-Cakes
mit Ingwer und Kokosmilch

Den Kürbis mit der Kokosmilch glatt pürieren. Den Ingwer unterrühren. Dann in einer zweiten Schüssel das Rapsöl mit dem Ei verquirlen. Das Mehl darübersieben, dann alles mit der Kürbismischung glatt rühren. Zum Schluss salzen und pfeffern.

Zwei Tassen einfetten und den Teig auf die Tassen verteilen. Nacheinander bei 800 Watt für ca. 1 Minute und 50 Sekunden in die Mikrowelle stellen. Warm servieren. Sehr lecker ist dazu das Topping mit grünen Erbsen (s. S. 84).

Für die Zubereitung ohne Mikrowelle ofenfeste Förmchen verwenden und den Backofen auf 180 °C vorheizen. Die Küchlein auf der mittleren Schiene ca. 25 Minuten backen.

Für 2 Tassen à ca. 220 ml

75 g gegarter Kürbis (alternativ Kürbispüree aus dem Babyglas)
2 El Kokosmilch
½ Tl frisch geriebener Ingwer
3 El Rapsöl
1 Ei (Größe L)
50 g Mehl, mit Backpulver versetzt
Salz
Pfeffer
Fett für die Tassen

Zubereitungszeit: ca. 10 Minuten
Pro Tasse ca. 284 kcal/1193 kJ
7 g E, 19 g F, 20 g KH

Brokkoli-Mug-Cakes
mit Cashewkernen und Parmesan

Für 2 Tassen à ca. 220 ml

75 g Brokkoli (ersatzweise: TK-Gartengemüsemischung)

Salz

1 El Cashewkerne

30 g Butter

1 Ei (Größe L)

60 g Mehl, mit Backpulver versetzt

2 El Milch

1 El frisch geriebener Parmesan

Pfeffer

Butter für die Tassen

Zubereitungszeit: ca. 15 Minuten
Pro Tasse ca. 340 kcal/1428 kJ
11 g E, 22 g F, 25 g KH

Brokkoli in sehr kleine Röschen teilen. In leicht gesalzenem Wasser ca. 7 Minuten garen. In ein Sieb abgießen, abschrecken und abtropfen lassen.

Die Cashewkerne in einer Pfanne ohne Fett goldgelb rösten, dann beiseitestellen. Die Butter in eine Rührschüssel geben und bei 800 Watt ca. 40 Sekunden in der Mikrowelle zerlassen. Mit dem Ei verquirlen.

Das Mehl über die Ei-Mischung sieben. Zusammen mit der Milch und dem Parmesan unterrühren. Dann die Gemüsemischung und die Cashewkerne unterheben. Alles salzen und pfeffern. Den Teig auf zwei eingefettete Tassen verteilen. Nacheinander bei 800 Watt für ca. 1 Minute und 50 Sekunden in die Mikrowelle stellen. Warm servieren. Dazu schmeckt das Erbsentopping (s. S. 84) ebenso lecker wie die Schafskäsecreme (s. S. 87).

Für die Zubereitung ohne Mikrowelle die Butter in einer kleinen Pfanne zerlassen, ofenfeste Förmchen verwenden und den Backofen auf 180 °C vorheizen. Dann wie oben beschrieben den Teig zubereiten und die Küchlein auf der mittleren Schiene ca. 25 Minuten backen.

Mug Cakes à la Caprese
mit Oregano

Die Tomaten waschen, trocknen, die Stielansätze und die Kerne entfernen. Dann das Fruchtfleisch würfeln. Mozzarella ebenfalls würfeln. Basilikum waschen, trocken tupfen und die Blättchen hacken.

Olivenöl mit dem Ei in eine Rührschüssel geben und gut verquirlen. Das Mehl darübersieben und den Oregano dazugeben. Zusammen mit dem Tomatenwürfeln und dem Basilikum gut verrühren, dann den Mozzarella unterheben. Die Mischung pikant mit Salz und Pfeffer würzen.

Zwei Tassen mit Olivenöl einfetten. Den Teig darauf verteilen. Nacheinander bei 800 Watt für ca. 2 Minuten in die Mikrowelle stellen. Anschließend mit je 1 Scheibe Tomate und Mozzarella belegen. Salzen, pfeffern und mit ein paar Tropfen Olivenöl und Aceto Balsamico beträufeln. Zum Schluss mit 1 Blättchen Basilikum garnieren und sofort servieren.

Für die Zubereitung ohne Mikrowelle ofenfeste Tassen verwenden und den Ofen auf 180 °C vorheizen. Die Küchlein auf der mittleren Schiene ca. 25 Minuten backen.

Für 2 Tassen à ca. 220 ml

80 g Kirschtomaten
30 g Mozzarella
4 Stängel Basilikum
2 El Olivenöl
1 Ei (Größe L)
60 g Mehl, mit Backpulver versetzt
1 Msp. gerebelter Oregano
Salz
Pfeffer
Öl für die Tassen

Außerdem

2 Tomatenscheiben, 2 Mozzarellascheiben, 2 Basilikumblättchen, einige Tropfen Olivenöl und Aceto Balsamico zum Garnieren

Zubereitungszeit: ca. 15 Minuten
Pro Tasse ca. 283 kcal/1189 kJ
10 g E, 17 g F, 22 g KH

Reste-Mug-Cakes
mit Kartoffeln und Gouda

Für 2 Tassen à ca. 220 ml

1 Pellkartoffel (gegart)
30 g Gouda
4 Stängel glatte Petersilie
6 Stängel Schnittlauch
30 g Butter
2 Eier (Größe L)
20 g Mehl, mit Backpulver versetzt
50 ml Milch
Salz
Pfeffer
Paprikapulver
Butter für die Tassen

Zubereitungszeit: ca. 10 Minuten
Pro Tasse ca. 332 kcal/1395 kJ
14 g E, 25 g F, 12 g KH

Die Kartoffel pellen und würfeln. 75 g abmessen. Den Gouda fein reiben. Die Kräuter waschen und trocken tupfen. Petersilienblättchen hacken. Schnittlauchhalme in Ringe schneiden.

Die Butter in eine Rührschüssel geben und bei 800 Watt für ca. 40 Sekunden in die Mikrowelle stellen, bis sie flüssig ist. Die Eier hinzugeben und alles glatt verquirlen. Das Mehl darübersieben. Den Teig mit der Milch glatt verquirlen. Mit Salz, Pfeffer und Paprikapulver pikant abschmecken. Dann die Kräuter, die Kartoffelwürfel und die Käseraspel unterrühren.

Den Teig auf zwei eingebutterte Tassen verteilen. Nacheinander bei 800 Watt für ca. 2 Minuten in die Mikrowelle stellen. Warm servieren. Dazu passt besonders gut Aioli (s. S. 92).

Für die Zubereitung ohne Mikrowelle ofenfeste Förmchen verwenden und den Backofen auf 180 °C vorheizen. Die Butter in einer kleinen Pfanne zerlassen. Dann den Teig wie oben beschrieben zubereiten und auf der mittleren Schiene ca. 25 Minuten backen.

Kichererbsen-Mug-Cakes
mit Koriander und Tahin

Koriander waschen, trocken tupfen und die Blättchen hacken. Die Frühlingszwiebel waschen, putzen, trocknen und in Ringe schneiden. Die Kichererbsen in ein Sieb geben, abspülen und abtropfen lassen.

Das Olivenöl mit dem Ei in eine Rührschüssel geben und verquirlen. Das Mehl darübersieben. Milch, Tahin und Zitronensaft hinzugeben und alles glatt verquirlen. Dann die Kichererbsen, den Koriander und die Frühlingszwiebel unterheben. Den Teig pikant mit Salz, Pfeffer, Paprika- und Kreuzkümmelpulver würzen.

Zwei Tassen mit Olivenöl einfetten. Den Teig darauf verteilen. Dann nacheinander bei 800 Watt für 1 Minute und 50 Sekunden in die Mikrowelle stellen. Als Topping passt die Erbsencreme (s. S. 84) besonders gut.

Für die Zubereitung ohne Mikrowelle ofenfeste Tassen verwenden und den Ofen auf 180 °C vorheizen. Die Küchlein auf der mittleren Schiene ca. 25 Minuten backen.

Für 2 Tassen à ca. 220 ml

½ Bund Koriander
1 Frühlingszwiebel
75 g Kichererbsen aus dem Glas
2 El Olivenöl
1 Ei (Größe L)
50 g Mehl, mit Backpulver versetzt
2 El Milch
1 El Tahin (Sesampaste, FP)
1 Spritzer Zitronensaft
Salz
Pfeffer
Paprikapulver
Kreuzkümmelpulver
Öl für die Tassen

Zubereitungszeit: ca. 15 Minuten
Pro Tasse ca. 306 kcal/1287 kJ
10 g E, 19 g F, 25 g KH

Paprika-Zucchini-Mug-Cakes
mit Pinienkernen

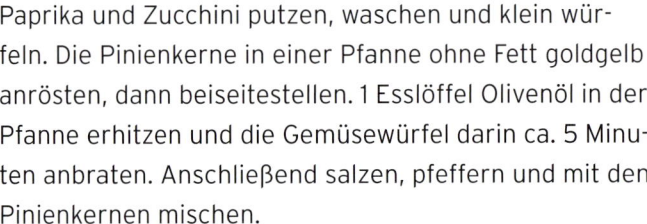

Für 2 Tassen à ca. 220 ml

40 g rote Paprika
40 g Zucchini
1 El Pinienkerne
2 El Olivenöl
Salz
Pfeffer
1 Ei (Größe L)
60 g Mehl, mit Backpulver versetzt
Öl für die Tassen

Zubereitungszeit: ca. 15 Minuten
Pro Tasse ca. 289 kcal/1217 kJ
9 g E, 18 g F, 23 g KH

Paprika und Zucchini putzen, waschen und klein würfeln. Die Pinienkerne in einer Pfanne ohne Fett goldgelb anrösten, dann beiseitestellen. 1 Esslöffel Olivenöl in der Pfanne erhitzen und die Gemüsewürfel darin ca. 5 Minuten anbraten. Anschließend salzen, pfeffern und mit den Pinienkernen mischen.

Das restliche Olivenöl mit dem Ei verquirlen. Das Mehl darübersieben und alles glatt verrühren. Die Gemüsemischung unterheben und den Teig mit Salz und Pfeffer pikant abschmecken.

Den Teig auf zwei eingefettete Tassen verteilen. Die Tassen nacheinander bei 800 Watt für ca. 2 Minuten in die Mikrowelle stellen. Heiß servieren. Dazu passen alle ab S. 84 vorgestellten Toppings.

Für die Zubereitung ohne Mikrowelle ofenfeste Tassen verwenden. Den Backofen auf 180 °C vorheizen. Die Küchlein auf der mittleren Schiene ca. 25 Minuten backen.

Weißwein-Mug-Cakes
mit Spargelspitzen

Die Spargelstangen trocken tupfen und in nicht zu dünne Scheiben schneiden. Estragon waschen, trocken tupfen und die Blättchen abzupfen. Die Butter in eine Rührschüssel geben und bei 800 Watt für ca. 40 Sekunden in die Mikrowelle stellen, bis sie flüssig ist.

Das Ei zur Butter geben und beides verquirlen. Das Mehl darübersieben, den Weißwein dazugießen und alles glatt verrühren. Dann kräftig salzen und sanft pfeffern. Spargelscheiben und Estragon unterheben.

Den Teig auf zwei gebutterte Tassen verteilen. Nacheinander bei 800 Watt für ca. 1 Minute und 50 Sekunden in die Mikrowelle stellen. Als Topping passt besonders gut die Aioli (s. S. 92), die mit weiteren Spargelspitzen aus dem Glas und etwas frischem Estragon auf den Küchlein angerichtet werden kann.

Für die Zubereitung ohne Mikrowelle ofenfeste Tassen verwenden und den Ofen auf 180 °C vorheizen. Die Butter in einer kleinen Pfanne zerlassen, dann den Teig wie oben beschrieben zubereiten. Die Küchlein auf der mittleren Schiene ca. 25 Minuten backen.

Für 2 Tassen à ca. 220 ml

3 Spargelspitzen aus dem Glas
4 Stängel Estragon
30 g Butter
1 Ei (Größe L)
60 g Mehl, mit Backpulver versetzt
2 El Weißwein
Salz
Pfeffer
Butter für die Tassen

Außerdem
Spargelspitzen aus dem Glas und Estragon-Zweige zum Garnieren

Zubereitungszeit: ca. 10 Minuten
Pro Tasse ca. 273 kcal/1148 kJ
7 g E, 17 g F, 22 g KH

Mug Cakes
mit Ziegenkäse, Honig und Rucola

Für 2 Tassen à ca. 220 ml

50 g Ziegenfrischkäse
1 El Mineralwasser mit Kohlensäure
3 getrocknete Aprikosen
5 Blätter Rucola
1 El Olivenöl
1 Ei (Größe L)
60 g Mehl, mit Backpulver versetzt
1 El Milch
Salz
Pfeffer
Öl für die Tassen

Zubereitungszeit: ca. 10 Minuten
Pro Tasse ca. 296 kcal/1243 kJ
10 g E, 15 g F, 30 g KH

Den Ziegenfrischkäse mit dem Mineralwasser verrühren. Die Aprikosen klein würfeln und unterrühren. Den Rucola waschen, trocken tupfen und grob hacken. Ebenfalls unterheben.

Das Öl mit dem Ei verquirlen. Das Mehl darübersieben und alles mit der Milch glatt verrühren. Dann die Ziegenkäsemischung unterrühren. Den Teig auf 2 eingefettete Tassen verteilen.

Die Tassen nacheinander bei 800 Watt für ca. 1 Minute und 50 Sekunden in die Mikrowelle stellen. Als Topping passt besonders gut die Ziegenfrischkäsecreme (s. S. 91) mit etwas frischem Rucola oder die Schafskäsecreme (s. S. 87).

Für die Zubereitung ohne Mikrowelle ofenfeste Tassen verwenden und den Backofen auf 180 °C vorheizen. Dann die Küchlein auf der mittleren Schiene ca. 25 Minuten backen.

Dinkel-Mug-Cakes
mit Nüssen und Zucchini

Die Tomatenscheiben mit Küchenkrepp trocken tupfen und hacken. Die Zucchini waschen, putzen, schälen und raspeln. 60 g abwiegen. Den Schnittlauch waschen, trocken tupfen und in feine Ringe schneiden. Die Haselnüsse in einer Pfanne ohne Fett goldgelb anrösten. Alles zusammen in einer Schüssel mischen.

Das Öl mit dem Ei in einer Rührschüssel verquirlen. Mehl mit Backpulver mischen und darübersieben. Alles verquirlen, dann die Zucchinimischung unterrühren. Zum Schluss den Teig pikant mit Salz, Pfeffer und Cayennepfeffer abschmecken.

Zwei Tassen mit Öl einfetten. Den Teig auf die Tassen verteilen. Nacheinander bei 800 Watt für 1 Minute und 50 Sekunden in die Mikrowelle stellen. Heiß servieren. Wenn ein Topping dazu gereicht werden soll, schmeckt die Schafskäsecreme (s. S. 87) oder die Thunfischcreme (s. S. 88) besonders lecker.

Für die Zubereitung ohne Mikrowelle ofenfeste Tassen verwenden. Den Backofen auf 180 °C vorheizen und die Küchlein auf der mittleren Schiene ca. 25 Minuten backen.

Für 2 Tassen à ca. 220 ml

2 getrocknete Tomatenscheiben in Öl
1 kleine Zucchini
½ Bund Schnittlauch
1 El gehackte Haselnüsse
3 El Rapsöl
1 Ei (Größe L)
60 g Dinkelmehl
1/3 Tl Backpulver
Salz
Pfeffer
Cayennepfeffer
Öl für die Tassen

Zubereitungszeit: ca. 15 Minuten
Pro Tasse ca. 339 kcal/1422 kJ
9 g E, 23 g F, 24 g KH

Feta-Dill-Mug-Cakes
mit Quark

Für 2 Tassen à ca. 220 ml

40 g Feta
½ Bund Dill
6 schwarze Oliven ohne Stein
2 El Olivenöl
1 Ei (Größe L)
60 g Mehl, mit Backpulver versetzt
2 El Kräuterquark
1 El Milch
Salz
Pfeffer
Olivenöl für die Tassen

Zubereitungszeit: ca. 10 Minuten
Pro Tasse ca. 343 kcal/1440 kJ
12 g E, 23 g F, 22 g KH

Den Feta klein würfeln oder mit den Händen zerkrümeln. Den Dill waschen, trocken tupfen und die zarten Blättchen hacken. Die Oliven ebenfalls hacken.

Das Olivenöl mit dem Ei verquirlen. Das Mehl darübersieben und den Kräuterquark hinzugeben. Alles mit der Milch glatt verquirlen, dann salzen und pfeffern. Nun Feta, Dill und Oliven unterrühren.

Zwei Tassen mit Olivenöl einfetten. Den Teig auf die Tassen verteilen und diese nacheinander bei 800 Watt für ca. 1 Minute und 50 Sekunden in die Mikrowelle stellen. Als Topping passt neben der Schafskäsecreme (s. S. 87) auch die Thunfischcreme (s. S. 88) besonders gut.

Bei der Zubereitung ohne Mikrowelle ofenfeste Tassen verwenden. Den Backofen auf 180 °C vorheizen und die Küchlein auf der mittleren Schiene ca. 25 Minuten backen.

Mit Fleisch, Fisch und Geflügel

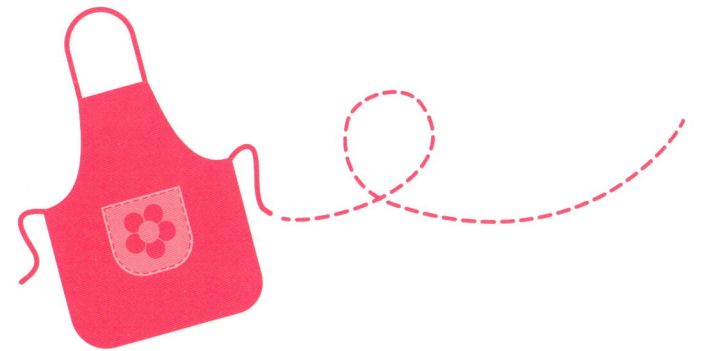

Thunfisch-Mug-Cakes
mit Kapern

Für 2 Tassen à ca. 220 ml

75 g Thunfisch aus der Dose (im eigenen Saft)
3 Tl möglichst kleine Kapern
2 Stängel Basilikum
2 El Rapsöl
1 Ei (Größe L)
50 g Mehl, mit Backpulver versetzt
2 El Sahne
1 Prise Wasabipulver
Salz
Pfeffer
Rapsöl für die Tassen

Außerdem
Basilikum zum Garnieren

Zubereitungszeit: ca. 10 Minuten
Pro Tasse ca. 341 kcal/1430 kJ
16 g E, 23 g F, 18 g KH

Den Thunfisch in einem Sieb abtropfen lassen. Dann mit der Gabel zerpflücken. Die Kapern ebenfalls abtropfen lassen. Basilikum waschen, trocken tupfen und die Blättchen hacken.

Das Rapsöl mit dem Ei verquirlen. Das Mehl darübersieben und die Sahne hinzugeben. Alles glatt verquirlen. Mit Wasabipulver, Salz und Pfeffer pikant abschmecken. Dann den Thunfisch, die Kapern und das Basilikum unterheben.

Zwei Tassen mit Rapsöl einfetten. Den Teig auf die Tassen verteilen. Nacheinander bei 800 Watt für ca. 1 Minute und 40 Sekunden in die Mikrowelle stellen. Als Topping passt natürlich sehr gut die Thunfischcreme (s. S. 88).

Für die Zubereitung ohne Mikrowelle ofenfeste Tassen verwenden. Den Backofen auf 180 °C vorheizen. Die Küchlein auf der mittleren Schiene ca. 25 Minuten backen.

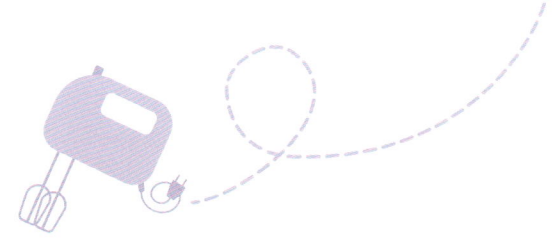

Räucherlachs-Mug-Cakes
mit Dill und Honigsenf

Den Dill und den Schnittlauch waschen und trocken tupfen. Die feinen Dillblättchen hacken, Schnittlauch in dünne Ringe schneiden. Den Lachs zerpflücken.

Das Rapsöl mit dem Ei in eine Rührschüssel geben und verquirlen. Das Mehl darübersieben, Honigsenf und saure Sahne hinzugeben und alles glatt verrühren. Den Teig mit Salz und Pfeffer abschmecken, dann die Kräuter und den Lachs unterrühren.

Zwei Tassen mit Öl einfetten. Den Teig darauf verteilen und nacheinander bei 800 Watt für ca. 1 Minute und 50 Sekunden in die Mikrowelle stellen. Zum Servieren auf jede Tasse 1 kleinen Klecks Honigsenf und 1 Dillzweig geben. Sofort servieren.

Für die Zubereitung ohne Mikrowelle ofenfeste Tassen verwenden. Den Backofen auf 180 °C vorheizen und die Küchlein auf der mittleren Schiene ca. 25 Minuten backen.

Für 2 Tassen à ca. 220 ml

2 Stängel Dill
½ Bund Schnittlauch
80 g Räucherlachs
1 El Rapsöl
1 Ei (Größe L)
60 g Mehl, mit Backpulver versetzt
1 Tl Honigsenf
2 El saure Sahne
Salz
Pfeffer
Öl für die Tassen

Außerdem
Honigsenf und Dill zum Garnieren

Zubereitungszeit: ca. 10 Minuten
Pro Tasse ca. 275 kcal/1153 kJ
15 g E, 15 g F, 22 g KH

Mug Cakes
mit Forelle und Meerrettich

**Für 2 Tassen
à ca. 220 ml**

75 g geräuchertes Forellenfilet

2 Zweige glatte Petersilie

1 El Rapsöl

1 Ei (Größe L)

60 g Mehl, mit Backpulver versetzt

2 El Sahnemeerrettich aus dem Glas

1 El Sahne

Salz

Pfeffer

Öl für die Tassen

Außerdem

Sahnemeerrettich und Petersilie
zum Garnieren

Zubereitungszeit: ca. 10 Minuten
Pro Portion ca. 279 kcal/1172 kJ
16 g E, 15 g F, 22 g KH

Das Forellenfilet zerpflücken, die Petersilie waschen, trocken tupfen und die Blättchen hacken.

Das Rapsöl mit dem Ei verquirlen. Das Mehl darübersieben und den Sahnemeerrettich mit der Sahne hinzugeben. Alles glatt verquirlen und mit Salz und Pfeffer abschmecken. Dann Petersilie und Forellenstücke unterheben.

Zwei Tassen mit Butter einfetten. Den Teig darauf verteilen und die Tassen nacheinander bei 800 Watt für ca. 1 Minute und 40 Sekunden in die Mikrowelle stellen. Jeweils 1 Klecks Sahnemeerrettich daraufgeben und mit einem Petersilienzweig sofort garnieren.

Für die Zubereitung ohne Mikrowelle ofenfeste Tassen verwenden. Den Backofen auf 180 °C vorheizen und die Küchlein auf der mittleren Schiene ca. 25 Minuten backen.

Krabben-Mug-Cakes
mit grüner Chili und Limette

Die Krabben abspülen, trocken tupfen und halbieren. Die Chilischote mit den Krabben mischen. Die Limette heiß waschen, trocknen, 1 Messerspitze Schale abreiben und 1 Esslöffel Saft auspressen. Den Saft über die Krabben gießen.

Die Butter in eine Rührschüssel geben. Für ca. 40 Sekunden bei 800 Watt in die Mikrowelle stellen, bis sie geschmolzen ist. Das Ei hinzugeben und beides verquirlen. Dann das Mehl darübersieben und die Milch dazugießen. Alles glatt verquirlen.

Krabben mit Limettensaft, der abgeriebenen Schale und der Chilischote hinzugeben und verrühren. Alles mit Salz und Pfeffer pikant abschmecken.

Den Teig auf zwei gebutterte Tassen verteilen. Nacheinander bei 800 Watt für ca. 1 Minute und 50 Sekunden in die Mikrowelle stellen. Sofort servieren. Als Topping passt besonders gut die Aioli (s. S. 92) und die Thunfischcreme (s. S. 88).

Für die Zubereitung ohne Mikrowelle ofenfeste Tassen verwenden. Den Backofen auf 180 °C vorheizen. Die Butter in einer kleinen Pfanne zerlassen, dann wie oben beschrieben vorgehen und die Küchlein auf der mittleren Schiene ca. 25 Minuten backen.

Für 2 Tassen à ca. 220 ml

75 g gegarte Krabben
½ Tl frisch gehackte Chilischote ohne Kerne
1 unbehandelte Limette
30 g Butter
1 Ei (Größe L)
60 g Mehl, mit Backpulver versetzt
2 El Milch
Salz
Pfeffer
Butter für die Tassen

Zubereitungszeit: ca. 10 Minuten
Pro Tasse ca. 304 kcal/1274 kJ
14 g E, 18 g F, 22 g KH

Elsässer Mug Cakes
mit Speck, Zwiebel und Apfel

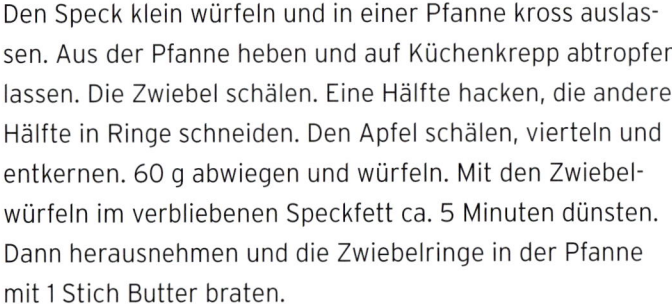

Für 2 Tassen à ca. 220 ml

60 g Speck
1 kleine Zwiebel
1 Apfel
20 g Butter
1 Ei
60 g Mehl, mit Backpulver versetzt
Salz
Pfeffer
Butter für die Tassen und die
Zwiebelringe

Zubereitungszeit: ca. 15 Minuten
Pro Tasse ca. 452 kcal/1898 kJ
8 g E, 36 g F, 25 g KH

Den Speck klein würfeln und in einer Pfanne kross auslassen. Aus der Pfanne heben und auf Küchenkrepp abtropfen lassen. Die Zwiebel schälen. Eine Hälfte hacken, die andere Hälfte in Ringe schneiden. Den Apfel schälen, vierteln und entkernen. 60 g abwiegen und würfeln. Mit den Zwiebelwürfeln im verbliebenen Speckfett ca. 5 Minuten dünsten. Dann herausnehmen und die Zwiebelringe in der Pfanne mit 1 Stich Butter braten.

Die Butter in einer Schüssel bei 800 Watt ca. 40 Sekunden in der Mikrowelle schmelzen. Das Ei hinzugeben und mit der Butter verquirlen. Das Mehl darübersieben und unterrühren. Speck (bis auf 1 Tl), Apfel- und Zwiebelwürfel unter den Teig heben, salzen, pfeffern und den Teig auf zwei gebutterte Tassen verteilen. Nacheinander bei 800 Watt für ca. 1 Minute und 50 Sekunden in die Mikrowelle stellen.

Die Mug Cakes mit den Zwiebelringen belegen und mit den restlichen Speckwürfeln bestreuen. Mit einem Apfelschnitz dekoriert sofort servieren.

Für die Zubereitung ohne Mikrowelle ofenfeste Tassen verwenden und den Backofen auf 180 °C vorheizen. Die Butter in einer Pfanne zerlassen und wie oben beschrieben vorgehen. Die Küchlein auf der mittleren Schiene ca. 25 Minuten backen.

Reste-Mug-Cakes
mit Nudeln und Schinken

Die Penne halbieren oder grob hacken. Vom Schinken den Fettstreifen entfernen und den Schinken klein schneiden. Den Schnittlauch waschen, trocken tupfen und in feine Ringe schneiden. Nudeln, Schinken und Schnittlauch in einer Schüssel vermengen.

Die Eier mit der Sahne verquirlen und mit Salz, Pfeffer und Paprikapulver pikant abschmecken. Die Nudelmischung auf zwei gebutterte Tassen verteilen. Mit der Eiersahne übergießen und nacheinander bei 800 Watt für ca. 2 Minuten in die Mikrowelle stellen. Sofort servieren. Als Topping passt besonders gut ein Klecks Aioli (s. S. 92).

Für die Zubereitung ohne Mikrowelle ofenfeste Tassen verwenden. Den Backofen auf 180 °C vorheizen. Die Eier trennen und das Eiweiß steif schlagen. Dann wie oben beschrieben vorgehen und zum Schluss den Eischnee unterheben. Die Küchlein auf der mittleren Schiene ca. 25 Minuten backen.

Für 2 Tassen à ca. 220 ml

100 g gegarte Penne
1 Scheibe gekochter Schinken (ca. 25 g)
½ Bd. Schnittlauch
2 Eier
50 ml Sahne
Salz
Pfeffer
Paprikapulver
Butter für die Tassen

Zubereitungszeit: ca. 5 Minuten
Pro Tasse ca. 248 kcal/1041 kJ
14 g E, 16 g F, 13 g KH

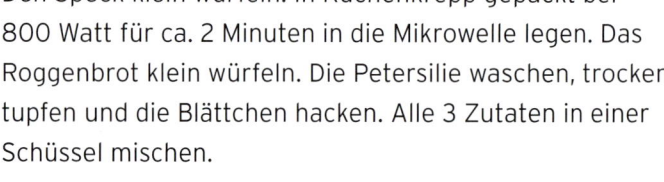

Reste-Mug-Cakes
mit Brot und Speck

Für 2 Tassen à ca. 220 ml

50 g Speck
100 g Roggenbrot
4 Stiele glatte Petersilie
2 Eier
100 ml Milch
Salz
Pfeffer
Butter für die Tassen

Außerdem
2 Scheiben Speck

Zubereitungszeit: ca. 10 Minuten
Pro Tasse ca. 321 kcal/1350 kJ
17 g E, 17 g F, 25 g KH

Den Speck klein würfeln. In Küchenkrepp gepackt bei 800 Watt für ca. 2 Minuten in die Mikrowelle legen. Das Roggenbrot klein würfeln. Die Petersilie waschen, trocken tupfen und die Blättchen hacken. Alle 3 Zutaten in einer Schüssel mischen.

Die Eier mit der Milch verquirlen. Sanft salzen und kräftig pfeffern.

Zwei gebutterte Tassen mit der Roggenbrotmischung füllen, dabei sacht festdrücken. Die Eiermilch darübergießen. Die Tassen nacheinander bei 800 Watt für ca. 2 Minuten in die Mikrowelle stellen. Anschließend Küchenkrepp auf einen Teller legen. Die Speckscheiben darauflegen und mit Küchenkrepp abdecken. Bei 800 Watt für 2 Minuten in die Mikrowelle stellen. Die knusprigen Speckscheiben zu den Mug Cakes reichen. Wer mag, kann dazu noch die Aioli servieren (s. S. 92).

Für die Zubereitung ohne Mikrowelle ofenfeste Tassen verwenden. Den Backofen auf 180 °C vorheizen. Den gewürfelten Speck in einer Pfanne ohne Fett auslassen. Die Eier trennen und das Eiweiß steif schlagen. Dann wie oben beschrieben vorgehen und zum Schluss den Eischnee unterheben. Die Küchlein auf der mittleren Schiene ca. 25 Minuten backen. Die Speckstreifen in der Zwischenzeit in einer Pfanne knusprig braten.

Kräuter-Mug-Cakes
mit rohem Schinken

Den Schinken in kleine Stücke schneiden. Die Kräuter waschen, trocken tupfen und die Blätter fein hacken. Die Frühlingszwiebel waschen, putzen, trocknen und das Weiße und Hellgrüne in sehr feine Ringe schneiden. Alles mit dem Parmesan in einer Schüssel mischen.

Die Butter bei 800 Watt für 40 Sekunden in die Mikrowelle stellen. Das Ei hinzugeben und glatt verquirlen. Das Mehl darübersieben und mit der Milch verquirlen. Die Schinken-Kräuter-Mischung unterrühren. Alles kräftig pfeffern und vorsichtig salzen, da der Schinken schon salzig ist.

Den Teig in zwei gebutterte Tassen füllen. Nacheinander bei 800 Watt für ca. 1 Minute und 50 Sekunden in die Mikrowelle stellen. Heiß servieren. Nach Belieben ein Topping dazu reichen. Besonders gut passt dazu die Schafskäsecreme (s. S. 87).

Für die Zubereitung ohne Mikrowelle ofenfeste Tassen verwenden. Den Backofen auf 180 °C vorheizen. Die Butter in einer kleinen Pfanne schmelzen. Dann wie oben beschrieben den Teig zubereiten und die Küchlein auf der mittleren Schiene ca. 25 Minuten backen.

Für 2 Tassen à ca. 220 ml

50 g roher Schinken
(z.B. Schwarzwälder Schinken)
2 Stiele glatte Petersilie
2 Blätter Bärlauch
(ersatzweise 1 Bund Schnittlauch)
1 Frühlingszwiebel
1 El geriebener Parmesan
30 g Butter
1 Ei (Größe L)
60 g Mehl, mit Backpulver versetzt
2 El Milch
Pfeffer
Salz
Butter für die Tassen

Zubereitungszeit: ca. 15 Minuten
Pro Tasse ca. 351 kcal/1320 kJ
15 g E, 19 g F, 22 g KH

Paprika-Mug-Cakes
mit Schafskäse und Sardellen

Für 2 Tassen à ca. 220 ml

60 g eingelegte Paprika ohne Haut

2 Sardellenfilets

25 g Schafskäse

3 Stiele glatte Petersilie

2 El Rapsöl

2 Eier (Größe M)

20 g Mehl, mit Backpulver versetzt

Pfeffer

Salz

Öl für die Tassen

Zubereitungszeit: ca. 10 Minuten
Pro Tasse ca. 257 kcal/1079 kJ
11 g E, 20 g F, 9 g KH

Die Paprika trocken tupfen und in kleine Würfel schneiden. Die Sardellenfilets gründlich abspülen, trocken tupfen und hacken. Den Schafskäse würfeln. Die Petersilie waschen, trocken tupfen und die Blätter hacken. Alles in einer Schüssel mischen.

Das Öl mit den Eiern verquirlen. Das Mehl darübersieben und verquirlen. Dann die Paprika-Mischung unterrühren und den Teig kräftig mit Pfeffer und nur ganz sanft mit Salz würzen (die Sardellen sind bereits sehr salzig).

Zwei Tassen mit Öl einfetten und den Teig darauf verteilen. Nacheinander bei 800 Watt für ca. 2 Minuten in die Mikrowelle stellen. Sofort servieren. Nach Belieben mit einem Topping garnieren. Besonders gut passt die Schafskäsecreme oder die Thunfischcreme (s. S. 87 und 88).

Für die Zubereitung ohne Mikrowelle ofenfeste Tassen verwenden. Den Backofen auf 180 °C vorheizen. Die Eier trennen und die Eiweiße steif schlagen. Ansonsten wie oben beschrieben vorgehen und zum Schluss den Eischnee unterheben. Die Küchlein auf der mittleren Schiene ca. 20 Minuten backen.

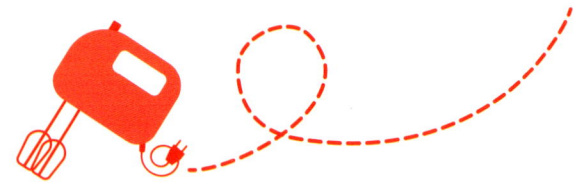

Süßkartoffel-Mug-Cakes
mit Chorizo und Cheddar

Die Süßkartoffel pellen und klein würfeln. Die Chorizo fein würfeln. Einen Teller mit Küchenkrepp auslegen. Die Chorizowürfel darauf verteilen, mit einem weiteren Blatt Küchenkrepp abdecken und bei 800 Watt für ca. 2 Minuten in die Mikrowelle stellen. Herausnehmen und das Küchenkrepp entfernen. Die Würfel mit der Süßkartoffel mischen. Die Knoblauchzehe durch die Presse dazudrücken. Den Cheddar reiben und mit den bisherigen Zutaten mischen.

Das Ei mit dem Öl verquirlen. Das Mehl darübersieben und mit der Milch verquirlen. Die Süßkartoffelmischung unterheben. Alles salzen, pfeffern und mit Kreuzkümmel abschmecken.

Zwei Tassen mit Öl einfetten. Den Teig auf die Tassen verteilen und die Mug Cakes nacheinander bei 800 Watt für ca. 1 Minute und 50 Sekunden in die Mikrowelle stellen.

Sofort servieren. Nach Belieben ein Topping dazu reichen. Besonders gut passt die Erbsencreme (s. S. 84).

Für die Zubereitung ohne Mikrowelle ofenfeste Tassen verwenden und den Backofen auf 180 °C vorheizen. Die Chorizowürfel in einer Pfanne knusprig auslassen. Ansonsten wie oben beschrieben vorgehen. Die Küchlein auf der mittleren Schiene ca. 25 Minuten backen.

Für 2 Tassen à ca. 220 ml

75 g gegarte Süßkartoffel (ersatzweise Pellkartoffel)
40 g Chorizo
½ Knoblauchzehe
20 g Cheddar
1 Ei (Größe L)
2 El Olivenöl
50 g Mehl, mit Backpulver versetzt
2 El Milch
Salz
Pfeffer
Kreuzkümmel
Öl für die Tassen

Zubereitungszeit: ca. 15 Minuten
Pro Tasse ca. 380 kcal/1598 kJ
14 g E, 24 g F, 28 g KH

Geflügelwürstchen-Mug-Cakes
mit Erbsen und Möhren

**Für 2 Tassen
à ca. 220 ml**

75 g Erbsen und Möhren (TK)

Salz

75 g Geflügelwürstchen

30 g Butter

1 Ei (Größe L)

50 g Mehl, mit Backpulver versetzt

2 El Milch

Pfeffer

Butter für die Tassen

Zubereitungszeit: ca. 15 Minuten
Pro Tasse ca. 393 kcal/1650 kJ
17 g E, 24 g F, 27 g KH

Die Erbsen-Möhren-Mischung in leicht gesalzenem Wasser ca. 10 Minuten gar kochen. Abgießen und abtropfen lassen. Die Geflügelwürstchen klein würfeln.

Die Butter in eine Rührschüssel geben und bei 800 Watt für ca. 40 Sekunden in die Mikrowelle stellen. Das Ei hinzugeben und mit der Butter verquirlen. Das Mehl darübersieben und die Milch dazugeben. Alles glatt verquirlen. Dann das Gemüse und die Wurststücke unterheben. Kräftig mit Salz und Pfeffer würzen.

Den Teig auf zwei gebutterte Tassen verteilen. Nacheinander bei 800 Watt für ca. 1 Minute und 50 Sekunden in die Mikrowelle stellen. Heiß servieren und nach Belieben mit einem Topping versehen. Besonders gut passt hier die Erbsencreme (s. S. 84).

Für die Zubereitung ohne Backofen ofenfeste Tassen verwenden und den Ofen auf 180 °C vorheizen. Die Butter in einer kleinen Pfanne zerlassen, dann den Teig wie oben beschrieben zubereiten. Auf der mittleren Schiene ca. 25 Minuten backen.

Cabanossi-Mug-Cakes
mit Zucchini

Die Cabanossi in sehr kleine Würfel schneiden oder hacken. Die Zucchini waschen, trocknen, putzen und raspeln. 60 g abwiegen, den Rest anderweitig verwenden.

Das Öl mit dem Ei verquirlen. Das Mehl darübersieben und mit dem Joghurt unterrühren. Dann die Kräuter, die Cabanossi und die Zucchini unterrühren. Alles pikant mit Salz, Pfeffer und Paprikapulver abschmecken.

Den Teig auf zwei gefettete Tassen verteilen. Nacheinander bei 800 Watt für ca. 1 Minute und 50 Sekunden in die Mikrowelle stellen. Heiß servieren. Dazu passt sehr gut die Schafskäse- oder die Ziegenkäsecreme (s. S. 87 oder 91). Die übrig gebliebenen Zucchini-Raspel können dann einfach in die jeweilige Creme gerührt werden.

Bei der Zubereitung ohne Mikrowelle ofenfeste Tassen verwenden und den Backofen auf 180 °C vorheizen. Die Küchlein auf der mittleren Schiene ca. 25 Minuten backen.

Für 2 Tassen à ca. 220 ml

40 g Cabanossi
1 kleine Zucchini
2 El Sonnenblumenöl
1 Ei (Größe L)
50 g Mehl, mit Backpulver versetzt
1 El Joghurt
1 El frisch gehackte Kräuter (ersatzweise TK)
Salz
Pfeffer
Paprikapulver
Öl für die Tassen

Zubereitungszeit: ca. 10 Minuten
Pro Tasse ca. 305 kcal/1283 kJ
11 g E, 21 g F, 19 g KH

Festtags-Mug-Cakes
mit Wildpastete und Preiselbeeren

Für 2 Tassen à ca. 220 ml

50 g Wildpastete
1 reife, aber feste Birne
20 g Butter
1 Ei (Größe L)
50 g Mehl, mit Backpulver versetzt
Salz
Pfeffer
1 Prise Lebkuchengewürz
Butter für die Tassen

Außerdem
Preiselbeeren aus dem Glas zum Garnieren

Zubereitungszeit: ca. 10 Minuten
Pro Tasse ca. 316 kcal/1327 kJ
11 g E, 21 g F, 22 g KH

Die Wildpastete in kleine Würfel schneiden. Die Birne schälen, vierteln, das Kerngehäuse entfernen und vom Fruchtfleisch 60 g raspeln. Von der restlichen Birne 2 Schnitze zum Garnieren abschneiden.

Die Butter in eine Rührschüssel geben und bei 800 Watt ca. 40 Sekunden in die Mikrowelle stellen. Dann das Ei hinzugeben und mit der Butter verquirlen. Das Mehl darübersieben und mit den Birnenraspeln unterrühren. Den Teig salzen und pfeffern und mit dem Lebkuchengewürz verrühren. Zum Schluss vorsichtig die Wildpastete unterheben.

Den Teig auf zwei gebutterte Tassen verteilen. Nacheinander bei 800 Watt für ca. 1 Minute und 50 Sekunden in die Mikrowelle stellen. Jede Tasse mit 1 Klecks Preiselbeeren und 1 Birnenschnitz garnieren und sofort servieren.

Für die Zubereitung ohne Mikrowelle ofenfeste Tassen verwenden und den Backofen auf 180 °C vorheizen. Die Butter in einem kleinen Pfännchen schmelzen, dann wie oben beschrieben den Teig zubereiten und die Küchlein auf der mittleren Schiene ca. 25 Minuten backen.

Deftige Bier-Mug-Cakes
mit Schinken

Vom Schinken den Fettrand entfernen und das Fleisch klein würfeln. Den Gouda reiben. Die Petersilie waschen, trocken tupfen und die Blättchen hacken.

Das Sonnenblumenöl mit dem Ei verquirlen. Das Mehl darübersieben und das Bier hinzugießen. Alles glatt verquirlen. Dann Schinken, Käse und Petersilie unterrühren und den Teig kräftig mit Salz und Pfeffer würzen.

Den Teig auf zwei eingefettete Tassen verteilen. Bei 800 Watt für ca. 1 Minute und 50 Sekunden in die Mikrowelle stellen. Heiß servieren. Dazu passt besonders gut die Aioli (s. S. 92).

Für die Zubereitung ohne Mikrowelle ofenfeste Tassen verwenden. Den Backofen auf 180 °C vorheizen. Die Küchlein auf der mittleren Schiene ca. 25 Minuten backen.

Für 2 Tassen à ca. 220 ml

50 g gekochter Schinken
20 g mittelalter Gouda
4 Stiele Petersilie
2 El Sonnenblumenöl
1 Ei (Größe L)
60 g Mehl, mit Backpulver versetzt
3 El Bier
Salz
Pfeffer
Öl für die Tassen

Zubereitungszeit: ca. 10 Minuten
Pro Tasse ca. 321 kcal/1350 kJ
17 g E, 18 g F, 22 g KH

Salsiccia-Mug-Cakes
mit Ricotta und Kräutern

**Für 2 Tassen
à ca. 220 ml**

2 Stiele Petersilie
2 Stiele Oregano
75 g Salsiccia
2 El Öl
1 Ei (Größe L)
60 g Mehl, mit Backpulver versetzt
3 El Ricotta
1 El Milch
½ Tl abgeriebene Schale von
1 unbehandelten Zitrone
Salz
Pfeffer
Cayennepfeffer
Öl für die Tassen

Zubereitungszeit: ca. 15 Minuten
Pro Tasse ca. 374 kcal/1573 kJ
13 g E, 26 g F, 22 g KH

Die Kräuter waschen, trocken tupfen und die Blättchen hacken. Die Salsiccia aus der Pelle drücken und dabei kleine Bällchen formen.

1 Esslöffel Öl in einer Pfanne erhitzen und die Wurstbällchen knusprig braun braten. Dann beiseitestellen.

Das restliche Öl mit dem Ei verquirlen. Das Mehl darübersieben. Ricotta mit Milch und Zitronenschale glatt rühren. Mit Salz, Pfeffer und Cayennepfeffer würzen. Zum Mehl geben und alles glatt verrühren. Dann die Fleischbällchen unterheben.

Zwei Tassen mit Öl einfetten. Den Teig auf die Tassen verteilen und nacheinander bei 800 Watt für ca. 1 Minute und 50 Sekunden in der Mikrowelle backen.

Für die Zubereitung ohne Mikrowelle ofenfeste Förmchen verwenden. Den Backofen auf 180 °C vorheizen und die Küchlein auf der mittleren Schiene ca. 20 Minuten backen.

Hackfleisch-Mug-Cakes
mit Lauch

Den Lauch waschen, putzen, trocknen und klein würfeln. 2 Teelöffel Olivenöl in einer kleinen Pfanne erhitzen und das Hackfleisch darin krümelig anbraten. Den Lauch hinzugeben und ca. 5 Minuten braten. Alles salzen und pfeffern, dann beiseitestellen.

Das Ei mit dem restlichen Olivenöl verquirlen. Das Mehl dazusieben. Joghurt mit Senf und Milch glatt rühren und zum Mehl geben. Alles glatt verquirlen. Mit Salz und Pfeffer würzen, dann die Hackfleischmischung unterrühren.

Zwei Tassen mit Öl einfetten. Den Teig darauf verteilen. Beide Tassen nacheinander bei 800 Watt für ca. 1 Minute und 40 Sekunden in die Mikrowelle stellen. Warm servieren. Dazu passt sehr gut die Schafskäsecreme (s. S. 87).

Für die Zubereitung ohne Mikrowelle ofenfeste Förmchen verwenden und den Backofen auf 180 °C vorheizen. Die Küchlein auf der mittleren Schiene ca. 20 Minuten backen.

Für 2 Tassen à ca. 220 ml

75 g Lauch
(alternativ: 2 Schalotten. 60 g)
3 El Olivenöl
75 g Hackfleisch
1 Ei (Größe L)
50 g Mehl, mit Backpulver versetzt
2 El Joghurt
½ Tl Senf
2 El Milch
Salz
Pfeffer
Öl für die Tassen

Zubereitungszeit: ca. 15 Minuten
Pro Tasse ca. 306 kcal/1287 kJ
15 g E, 17 g F, 23 g KH

Toppings

Grünes Erbsen-Topping
mit Bohnenkraut

Für 2 Mug Cakes

50 g TK-Erbsen

Salz

1 Msp. Bohnenkraut

2 Stängel Minze

1 El Olivenöl

2 El saure Sahne

1 Spritzer Zitronensaft

Pfeffer

Zubereitungszeit: ca. 10 Minuten
Pro Portion ca. 95 kcal/399 kJ
2 g E, 8 g F, 4 g KH

Die Erbsen auftauen lassen und in etwas Salzwasser mit dem Bohnenkraut ca. 10 Minuten gar kochen. Dann abgießen. Die Minze waschen, trocken tupfen und die Blättchen hacken.

Erbsen, Minze, Olivenöl und saure Sahne glatt pürieren. Mit Zitronensaft, Salz und Pfeffer pikant abschmecken.

Variationen

Dieses Rezept lässt sich wunderbar variieren und geschmacklich auf den jeweiligen Mug Cake abstimmen. Hier drei weitere Vorschläge:

• Besonders herzhaft wird das Topping mit 1 Esslöffel untergehobenen Speckwürfeln, die vorher in einer Pfanne ohne Fett knusprig ausgelassen wurden.

• Besonders schaumig-samtig wird das Topping, wenn Sie statt der sauren Sahne 2 Esslöffel geschlagene Sahne unterheben.

• Mit 1 Prise Kreuzkümmel, 1 Tl Tahin und 1 Prise Chili bekommt das Dressing eine orientalische Note.

Schafskäsecreme
mit Paprika

Den Schafskäse zerkrümeln. Mit Joghurt und Olivenöl in eine hohe Rührschüssel füllen. Die Tomaten klein schneiden und hinzugeben. Die Paprika waschen, trocknen, putzen, ebenfalls klein schneiden und hinzugeben. Alles glatt pürieren.

Die Creme mit Salz, Pfeffer, etwas Thymian und Paprikapulver abschmecken. In Nocken auf den Mug Cakes verteilen und was übrig bleibt in einem Schälchen dazu servieren.

Variationen

Die Varianten zu dieser Creme sind vielfältig:

- Bereiten Sie die Creme auch einmal ohne Tomaten und Paprika zu, stattdessen pürieren Sie etwas Gurke mit und pressen 1/3 Knoblauchzehe hinzu. Würzen Sie diese helle Creme mit Salz und Pfeffer und rühren Sie nach Belieben klein gehackte Kräuter wie Petersilie, Schnittlauch oder Basilikum unter.

- Scharf wird die Creme, wenn Sie etwas Sambal Oelek unterrühren oder etwas Cayennepfeffer.

- Besonders cremig mild wird die Creme, wenn Sie den Schafskäse mit etwas Crème fraîche oder Crème légère pürieren.

Für 2 Mug Cakes

75 g Schafskäse
2 El Joghurt
1 El Olivenöl
3 getrocknete Tomaten in Öl
30 g rote Paprika
Salz
Pfeffer
Thymian
Paprikapulver edelsüß

Zubereitungszeit: ca. 5 Minuten
Pro Portion ca. 144 kcal/605 kJ
7 g E, 12 g F, 2 g KH

Thunfischcreme
mit Frischkäse

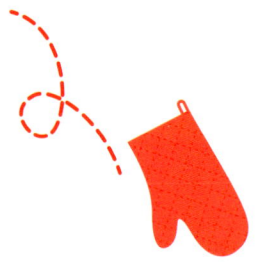

Für 4 Mug Cakes

1 Dose Thunfisch (im eigenen Saft, Abtropfgewicht 150 g)
100 g Frischkäse
1 kleine Schalotte
1 Spritzer Zitronensaft
1 El Kapern
2 Stängel Basilikum
Salz
Pfeffer

Zubereitungszeit: ca. 5 Minuten
Pro Portion ca. 158 kcal/666 kJ
9 g E, 13 g F, 2 g KH

Den Thunfisch abgießen und in ein Püriergefäß geben. Den Frischkäse hinzugeben. Die Schalotte schälen, würfeln und mit dem Zitronensaft ebenfalls hinzugeben. Alles nicht zu fein pürieren.

Die Kapern auf Küchenkrepp trocken tupfen, das Basilikum waschen, trocknen und die Blättchen hacken. Beides unter die Creme rühren und mit Salz und Pfeffer pikant abschmecken.

Auf den Mug Cakes anrichten und den Rest dazu reichen oder mit Gemüsesticks dippen.

Variationen

- Je nach Geschmack können Sie auch noch 1 eingelegtes Sardellenfilet mitpürieren.

- Zusätzliche Schärfe bringt etwas Cayennepfeffer oder scharfes Paprikapulver.

- Sie haben 1 reife Avocado? Auch sie kann mitpüriert werden. Geben Sie dann etwas mehr Zitronensaft in die Creme und reduzieren Sie den Frischkäseanteil.

- Sehr lecker schmeckt auch 50 g Salatcreme, die statt 50 g Frischkäse mitpüriert wird.

Ziegenkäse-Creme
mit Honig

Den Ziegenfrischkäse mit der Milch, dem Honig und dem Zitronensaft verquirlen. Die Sahne unterheben. Die Creme mit Salz und Pfeffer pikant abschmecken.

In einen Spritzbeutel füllen und dekorativ auf den Mug Cakes verteilen. Die restliche Creme getrennt dazu reichen.

Variationen

• Setzen Sie mit Kräutern geschmackliche Akzente: Je nach Mug Cake und Vorratslage können Sie neben frisch gehackter Petersilie und Schnittlauchringen auch wunderbar gehackten Dill oder gehacktes Basilikum unterheben. Auch Minze passt sehr gut. Damit die Creme dann nicht zu herb wird, können Sie sie zum Schluss noch mit etwas Honig beträufeln.

• Statt der geschlagenen Sahne können Sie selbstverständlich auch Joghurt oder saure Sahne unterrühren.

Für 2 Mug Cakes

50 g Ziegenfrischkäse
2 El Milch
2 Tl flüssiger Honig
1 Spritzer Zitronensaft
25 g geschlagene Sahne
Salz
Pfeffer

Zubereitungszeit: ca. 5 Minuten
Pro Portion ca. 139 kcal/586 kJ
3 g E, 12 g F, 4 g KH

Aioli
Blitzschnell gemacht

Für 4 Mug Cakes

100 ml zimmerwarmes Olivenöl
1 Tl Senf
1 kleine Knoblauchzehe
1 zimmerwarmes Ei
1 Tl Zitronensaft
Salz
Pfeffer

Zubereitungszeit: ca. 5 Minuten
Pro Portion ca. 244 kcal/1025 kJ
2 g E, 27 g F, 0 g KH

Tipp

DIE *Creme* GELINGT IMMER, WENN DIE ZUTATEN ALLE ZIMMERWARM SIND UND DER PÜRIERSTAB WIRKLICH NUR LANGSAM NACH OBEN GEZOGEN WIRD.

Das Olivenöl mit dem Senf und der Knoblauchzehe in ein hohes Püriergefäß geben und glatt pürieren. Das Ei hinzugeben. Dieses sinkt auf den Grund des Gefäßes. Nun den Pürierstab ganz nach unten halten und alles pürieren. Dabei den Stab nur ganz langsam nach oben ziehen. Zum Schluss den Zitronensaft unterrühren und alles mit Salz und Pfeffer abschmecken.

1 kleinen Klecks auf die Mug Cakes geben und den Rest in einem Schälchen dazu reichen.

Variationen

• Sie mögen kein rohes Ei? Oder haben keines zur Hand? Bereiten Sie die Aioli einfach mit Milch zu! Geben Sie die oben angegebene Menge von Öl, Knoblauch und Senf zusammen mit 40 ml Vollmilch in das Püriergefäß und pürieren Sie alles so lange, bis die gewünschte Konsistenz erreicht ist. Dann wie oben beschrieben mit Zitronensaft, Salz und Pfeffer abschmecken.

• Sehr lecker schmecken natürlich auch untergerührte frische Kräuter, die Sie je nach Geschmack und Mug Cake aussuchen.

Rezeptverzeichnis